JN100539

British food and sweets,

Japanese food,

Western food, sweets

63 recipes.

Serendipity Cooking

セレンディピティ

クッキング

Mrs. Sugar

【著】

文芸社

SERENDIPITY
── セレンディピティとは日常から
思いがけない発見をする能力のこと。

　自然が与えてくれる野菜や果物、海のもの山のもの、そんな恵みからふと思いついたレシピで心が温かくなったり、また頑張ろうと元気がでたりお料理には魔法の力があるのかもしれません。

　私の人生にセレンディピティというスパイスを振りかけてくれた様々なレシピを皆様にもお伝えしようと思います。
　英国滞在中、ステイ先の家庭で味わった料理やお菓子、昔からなじんできた身近な食材を使った懐かしい和食などを私なりにアレンジしています。

　40年も前の英国で経験したカルチャーショックの中で、私にライフスタイルやクッキングなどの素晴らしさを教えてくれたシルビア、グエン──そして心の支えとなってくれたイレインに感謝と敬愛を込めて！

Special thanks to Sylvia, Gwen who inspired me to write this book and Elaine Mehn who always lovingly encourages me and gives good suggestions.

Serendipity Cooking
セレンディピティ クッキング

contents

春〜夏

秋

チャリティーから生まれたクッキングクラス！！

　1970年代にステイしていた英国人家庭で親しんだお料理やお菓子をチャリティーのために作りお出ししていました。今でこそ英国人気があるようですが25年ほど前、チャリティーを始めた頃はケーキといったらフランスが主流で、地味めの英国菓子はあまりなじみがないようでした。チャリティーにいらした方達の中から「めずらしいメニューがいろいろ！　教えてほしい」とのお声が多々ありました。喜んで味わってくださる方々の笑顔が嬉しくて10年ほど前からレッスンをすることになり、和食や洋食などのレシピも増えていったのです。

　本当に私にとってのセレンディピティ・クッキング！！

クリスマス

ヴァレンタイン

いつでも美味しい

チャリティーパーティー

　毎年、5月と12月にチャリティーパーティーを開催しています。始まりは1995年阪神・淡路大震災の直後、友人達に声をかけ手作りの品やお菓子のバザーを開き、その収益を義捐金として送りました。その後も細々と続けておりましたが、ある時アメリカ人の友人イレインから、「何でもっと早く言ってくれなかったの？」と聞かれたのです。日本人の私としては何だか気恥ずかしく、あまりオープンにはできなかったと話すと彼女は、「チャリティーとは多くの人々と分かち合ってこそ意味があるのよ」と言ってくれたのです。イレインの協力もあり25年近くも続けて、私の想いも少しずつ広がってゆくことができました。

　英語でShare…分かち合う…何て素敵な言葉でしょう！

　つらいことは半分になり、嬉しいことは倍以上にもなるのですから！！

ポークロールの和風ポトフ

材料（4〜5人分）

白菜	1/4個（約600g）
豚ロース・スライス	200〜250g
水	4カップ
にんじん（ピーラーで皮をむく）	1本
カブ（中）	4個
長ねぎ	1本

【A】

塩	小さじ1/4
酒	大さじ1

【B】

みりん	1/4カップ
酒	1/4カップ
塩	ひとつまみ
醤油	小さじ1
鶏がらスープの素	大さじ1

作り方

1 白菜は熱湯で3分茹で、広げて冷ます。
　豚肉はAの調味料で下味をつける。

2 にんじんは輪切りにし花型で抜き塩ゆでする。カブは皮をむき半分に切る。長ねぎは4cmの長さに切る。

3 白菜に豚スライスを1枚のせて芯のほうから巻く。（白菜ロール）

4 鍋に白菜ロールを並べ、間に長ねぎ、カブを隙間なく並べる。調味料Bを入れて、中火にかけ、沸騰したらアクを取り、落とし蓋をして弱火で15分煮たら、真空保温調理器へ入れて保温する。普通の鍋なら30〜40分煮る。

5 器に盛り付けて花型にんじんを飾る。

お花寿司 （12cmケーキ型）

材料（8～10個分）

米	4カップ
昆布	10cm
鮭ほぐし身（瓶詰め）	1本
卵	3個
さやえんどう（さっと茹で千切り）	7～8本
白炒りごま	大さじ2
大葉（千切り）	1束
しょうがの甘酢漬け	適量

【合わせ酢】合わせて一煮立ちさせておく

米酢	80cc
砂糖	大さじ2
塩	小さじ1

【A】

酒	大さじ1.5
砂糖	大さじ1
塩	少々

作り方

1 米を洗い、同量の水と昆布を入れて炊く。

2 飯台に移し、熱いうちに合わせ酢をまわしかけ、白ごまとさっくり混ぜる。

3 小鍋に卵を割りほぐし、Aの調味料を加えて混ぜ、弱火にかけ、そぼろを作る。

4 ケーキ型の内側にラップを敷き、底一面に卵そぼろを均等に敷き、半分の酢飯を入れ平らにし、手でよく押す。その上に鮭のほぐし身をのせ、千切りにしたさやえんどう、残りの酢飯を均等にのせて、しっかりと押す。

5 型を皿にふせて抜き、しょうがの甘酢漬け、大葉の千切りを飾る。

桜のムース

材料（5～6個分）

桜の花びら	20輪
砂糖A	25g
板ゼラチン	4.5g
生クリーム	120cc
熱湯	110g
卵白	1個分
砂糖B	35g

【緑茶ソース】

緑茶	180cc
板ゼラチン	3g
砂糖	10g

作り方

1 桜の花びらは水ですすぎ、飾り用を分け、残りはきざむ。板ゼラチンはボウルに入れ水に浸しておく。

2 生クリームを7分立てにする。

3 ゼラチンのボウルにきざんだ桜の花びら、熱湯、砂糖Aを加えよく溶かす。ひとまわり大きなボウルに冷水を入れ、ゼラチンのボウルをのせてとろみがつくまで混ぜる。

4 別のボウルに卵白と砂糖Bを入れ、メレンゲを作る。

5 3のボウルに4を加えよく混ぜる。

6 さらに5に生クリームを加え、グラスに入れ1時間ほど冷やす。その後、上から緑茶ソースをそっと注ぎ、桜の花びらを飾る。

POINT

緑茶ソース：水に浸しておいたゼラチンに温かい緑茶と砂糖を加えよく溶かし、冷ましておく。

いわし/あじの香味丼

材料（4人分）

いわし/あじ（3枚おろし）	4尾
片栗粉	適量
山椒粉	小さじ1/4
濃口醤油	大さじ1～2
サラダ油	適量
すだち（またはかぼす）	1個

【しょうがご飯】前もって炊いておく

しょうが（千切り）	30g
米	3合
酒	大さじ1

【香味野菜】適量

みょうが
しそ
三つ葉
青ねぎ

作り方

1 いわしの半身に片栗粉と山椒をまぶして、軽くはたく。フライパンにサラダ油を熱し、両面こんがりと焼く。

2 器に、しょうがご飯を盛り付け、上にソテーしたいわしをのせて、濃口醤油をふりかけ、きざんだ香味野菜とすだちの輪切りをのせる。

POINT

濃口醤油がない場合は、普通の醤油大さじ5とみりん大さじ1を混ぜてレンジで30秒加熱してもよい。

冷しゃぶサラダ

材料（5〜6人分）

豚スライス（しゃぶしゃぶ用）	300〜350g
かいわれ	1パック
水菜	1束
ミニトマト	1パック
きゅうり（ピーラーでスライスする）	1本

【酢玉ねぎ】

玉ねぎ	1個
酢	180cc
ハチミツ	大さじ1
塩	小さじ1/2

≪ドレッシング2種≫

【A：ニンニク醤油】		【B：ごまだれ】	
青ねぎ（みじん切り）	1/2本	練りごま	大さじ3
ニンニクすりおろし	小さじ1	砂糖	大さじ1
酢玉ねぎ	大さじ2	醤油	大さじ3
酢	大さじ3	すりごま	大さじ2
砂糖	大さじ2	酢	大さじ3
醤油	大さじ3		
ごま油	大さじ2		
赤唐辛子（小口切り）	大さじ1		

作り方

【酢玉ねぎ】 前もって作っておく

1 玉ねぎはスライスし、塩をふり、30分おく。
2 容器に玉ねぎ、酢、ハチミツを加え混ぜる。冷蔵庫で2週間ほど保存可。

【サラダ】

1 ドレッシングA、Bをそれぞれ混ぜて作っておく。
2 鍋に5カップの水を沸騰させ、水3カップを足して70℃くらいに下げ、弱火にする。
3 豚スライスを3枚ずつくらい入れて、色が変わるまで茹でる。
4 ザルに取り、水気をよく切り、冷ましてからラップをかける。
　（茹でて冷水につけると肉が硬くなります）
5 野菜と肉を盛り付け、お好みのドレッシングでいただく。

ほうじ茶シフォン

材料（18cmシフォン型）

【A】

卵白	3個分
グラニュー糖	40g

カノーラ油	40ml
卵黄	3個分
グラニュー糖	30g
ほうじ茶	60ml
（濃いめにだして冷ます）	
茶葉	大さじ1
（すりつぶす）	

【2回ふるっておく】

米粉	50g
薄力粉	30g
ベーキングパウダー	小さじ1/2

作り方

※オーブンを170℃に予熱しておく。

1 卵白を少し泡立て、グラニュー糖を2回に分け加え、しっかり角が立つくらいのメレンゲにする。

2 別のボウルに卵黄とグラニュー糖を入れ、白っぽくもったりとするまで泡立てる。カノーラ油を加え混ぜ、ほうじ茶と茶葉も加えさらによくハンドミキサーで混ぜる。

3 粉類をふるいながら2に入れ、泡だて器でしっかり混ぜ、ゴムベラに替えてつやが出るまで混ぜる。

4 3の生地に1のメレンゲを、ひとすくいさっくり混ぜ、残りのメレンゲを2～3回に分けて混ぜる。

5 型に流し入れ、お箸をぐるりと回して気泡を抜き、横に揺らしトントンとたたき、中の空気をしっかり抜く。

6 170℃のオーブンで32分焼く。小麦粉だけのシフォンと違いムクムクと膨れません。

7 焼きあがったら逆さまにして1時間以上冷ましてから型抜きをする。

「感謝ノートにその日
嬉しかったことを書いてみる！」

身のまわりのほんのささいな出来事でも……

庭木から落ちてしまった小鳥がうずくまったまま動かず
オロオロとしつつも、そっと枯葉の上に置いてみたらその後
飛び立ってくれたことにホッとして感謝！！

何だかブルーな気分の時、何気なくつけたチャンネル
から流れる懐かしいオールディーズの曲……
切なくて、でも心の奥がほわっと温かくなれて感謝！！

しばらく会っていない旧友からHappy Birthdayの
メールが来たことに感謝！！

ソーセージロール

Sausage rolls

材料（10〜12個分）

【A】

強力粉	300g
コーンミール	30g
ベーキングパウダー	小さじ2

オリーブオイル	70cc
卵	1個
ポークソーセージ	250g（10〜12本）
ヨーグルト	1/2カップ
牛乳	1/2カップ
粒マスタード	適量

作り方

※オーブンを200℃に予熱しておく。

1 大きなボウルに材料Aを入れ、泡立て器で空気を入れるようにしながら混ぜる。

2 真ん中をくぼませ、オリーブオイル、牛乳、ヨーグルトを加え、合わせてまとめる。

3 打ち粉をして生地を棒状にのばし、全体を10〜12等分に分ける。

4 分けた生地をめん棒でのばし、真ん中に粒マスタードとソーセージを置き、くるくると巻いてしっかりととめる。

5 ナイフで切り込みを入れ、つや出しの溶き卵をハケでぬり、200℃のオーブンで15分焼く。

POINT

オーブンは、機種によって焼き時間が多少異なるため、様子を見ながら焼く。

海老とカッテージチーズのサラダ

Shrimp & cottage cheese salad

材料（4〜5人分）

エビ（殻と背ワタをとっておく）	250g
カッテージチーズ	1パック
お好みの野菜	適量
（プリーツレタス、ラディッシュなど）	
レモン汁	少々
マヨネーズ	大さじ3
カレー粉	小さじ1/2
生クリーム	大さじ3
塩	少々

作り方

1 鍋にエビと塩を入れ、熱湯でさっと茹でる。水気を切ったらレモン汁をかけておく。
2 マヨネーズ、生クリーム、カレー粉をよく混ぜる。
3 エビを2とあえる。
4 お好みの野菜、カッテージチーズ、3を盛り付ける。

サマープディング

Summer Pudding

材料（直径15cmのプディングボウル）

【合わせて450〜500g】
- レッドカラント
- ラズベリー
- ブルーベリーなどベリー類（冷凍）
- いちご　　　　　　　　　　　　　　　1パック
- （飾り用にラズベリーといちごを適量とっておく）

レモン汁	少々
グラニュー糖	90g
サンドイッチ用の食パン	10枚

（縦に半分に切り、さらに対角に切り三角形にしておく）

作り方

1 小鍋にブルーベリーやクランベリーなどベリー類すべてとレモン汁とグラニュー糖を入れ、弱火で砂糖を溶かし、3分ほど煮て冷ます。

2 ボウルにラップを敷く。パンを逆三角形にして、ボウルの内側に押しながらしっかりと敷き詰めてゆき、はみ出た部分をカットする。

3 ボウルの中にスプーンで1のベリー類を入れて、ソースは少し取り分けておく。最後に残りのパンでフタをする。

4 ラップをかけ、上から重しをのせて、冷蔵庫で一晩以上おいてなじませる。

5 型から皿に出し、残しておいたソースを全体にハケでぬり、飾り用にとっておいたベリー類をまわりにちりばめる。

ズッキーニ・リピエーニ

Zucchini Ripieni

材料（4人分）

ズッキーニ	4本
豚ひき肉	200g
玉ねぎ	1/2個
ご飯	150g
卵	1/2個
ガーリックパウダー	小さじ1
ローズマリーソルト	小さじ1/2
オレガノ	小さじ1/2
ナツメグ	少々
こしょう	少々
パン粉	適量
オリーブオイル	適量
塩	適量

作り方

※オーブンは180℃に予熱しておく。

1 ズッキーニを縦に切る。中身はスプーンで取り出しみじん切りにする。玉ねぎもみじん切りにしておく。

2 ボウルに肉、塩を加えてねばりが出るまでよく練り、みじん切りにしたズッキーニの中身、卵、玉ねぎを加えてよく混ぜる。調味料、ご飯も加える。

3 ズッキーニに2のフィリングを詰めたら、濡らしたスプーンで形をととのえる。パン粉をふりかけ、オリーブオイルをまわしかける。

4 180℃に熱したオーブンで25〜30分焼く。

※皿に盛り付け、お好みでケチャップを添えてもよい。

赤パプリカの冷製スープ

Red capsicums cold soup

材料（4人分）

赤パプリカ	2個
コンソメ	1個
にんじん	大1本
生クリーム	1/2カップ
牛乳	1カップ
水	2カップ
塩	少々
バジル	適量

作り方

1 赤パプリカはヘタと種を取り4つに切り、にんじんはスライスする。
2 1を水とコンソメで20分煮て、冷ましておく。
3 2を煮汁ごと、牛乳とミキサーにかけ、こしたら生クリームと塩を加え冷やす。
4 器にスープを入れバジルを飾る。

レモンシャーベット

Lemon sorbet

材料（4個分）

レモン	中2個
水	200cc
砂糖	50g
コンデンスミルク	70g
ヨーグルト	150cc

作り方

1 レモンを半分に切り、中身を出して汁を絞る。皮は器にするので
  とっておく。
2 片手鍋に水と砂糖を入れ、弱火で砂糖が溶けるまで煮たら、火か
  らおろし冷ましておく。
3 レモン汁を加え混ぜ、浅めの容器に入れて冷凍庫で30〜40分冷
  やす。
4 コンデンスミルクを加えてよく混ぜ、冷凍庫で冷やす。30分し
  たらヨーグルトも加え混ぜて冷やす。
5 30分ごとにフォークでよく混ぜる。これを2〜3回繰り返す。
6 レモンの皮にシャーベットを詰めてさらに冷凍庫で冷やす。

アボカド＆シュリンプご飯

Avocado & Shrimp Rice

材料（4人分）

アボカド	2個
むきエビ（1パック）	200g 〜 230g
レモン汁	少々

【マヨネーズソース】

マヨネーズ	カップ1/2強
醤油	小さじ3
わさび	小さじ1/2

ご飯	適量
白ごま	大さじ2
かいわれ	適量

作り方

1 ご飯を炊いておく。
2 エビは背ワタをとり水洗いして、さっとゆがく。
3 マヨネーズソースの材料を混ぜ合わせて作る。
4 炊きたてご飯に白ごまをまぶす。
5 アボカドを半分にカットし種を取ってからスプーンでくり抜きスライスする。レモン汁をかけておく。
6 ご飯を盛り付け、アボカド、エビ、かいわれをのせてマヨネーズソースをかけて出来上がり。

POINT

マヨネーズは海外製の瓶入りのものを使うと、マイルドになり一味違ってオススメ。

スパイシーカップ

Spicy Cups

材料（18 〜 20個分）

豚ひき肉（赤身）	150g
ワンタン皮	1袋
もやし	1袋
青ねぎ	適量
ごま油	適量
醤油	大さじ1
オイスターソース	大さじ1
スイートチリソース	少々

作り方

※オーブンを170℃に予熱しておく。

1 もやしを洗って水を切り、ざく切りにして耐熱ボウルに入れ、ごま油を少々ふったら、レンジで2分加熱する。余分な水気をとっておく。

2 フライパンにごま油を熱し、豚ひき肉をパラパラと炒める。醤油、オイスターソースを加えよく炒めてしばらく冷ましておく。

3 マフィン型にワンタン皮を敷いて、170℃に予熱したオーブンで5分ほど、うっすらと色づくまで焼く。

4 食べる直前に、焼いたワンタン皮に炒めた具をのせ、青ねぎをちらしたら、スイートチリソースをたらす。

フェイクビールゼリー　*Fake Beer Jelly*

材料（7〜8個分）

粉ゼラチン	大さじ1
砂糖	大さじ1
水	大さじ4
りんごジュース	400cc
（果汁100％の透明タイプ）	

作り方

1 耐熱ボウルに水とゼラチンをふり入れ、ふやかす。
2 ボウルにラップをかけ、電子レンジで1分加熱しゼラチンを溶かす。砂糖も加えよく混ぜ溶かす。
3 別のボウルにりんごジュースと2を加え、底を氷水で冷やし泡立て器で泡立てる。
4 泡が立ったらグラスに流し入れ、冷蔵庫で3時間以上冷やす。

「食べることは生きること！！」

幼い頃、食が細くて好きなものはチョコレートばかり……
成長して大人になってもチョコ好きは変わらず。
友人は私のことを "チョコホリック（チョコ中毒者）" と
呼びますが……。
どういう訳か今では様々なお料理を食すことも作ることも
大好きになり、食材の大切さありがたさを感じるようになりました。
私たちは、いろいろな動物、植物の生命をいただいて生きていること……。
だからこそどんな食材も無駄にせず、感謝して。

「いただきます」の心を忘れずに！！

秋鮭と小松菜の混ぜご飯

材料

米	3合
水	3カップ
酒	大さじ1
鮭	2切れ
小松菜	1束
白ごま（乾煎りする）	大さじ2
ごま油	適量

作り方

1 米は酒と分量の水で一緒に炊いておく。

2 鮭はグリルで焼き、身をほぐす。

3 小松菜を洗って、レンジに30秒かけ水気を絞り、きざんで
　ごま油でサッと炒める。

4 炊飯器のご飯に鮭、小松菜、白ごまを加え混ぜる。

なすのべっこうあん

材料

なす	3本
水	適量
塩	小さじ1
削りガツオやおろししょうが	適量

【A】

白だし	大さじ2
水	300cc
昆布茶	小さじ1/4
みりん	大さじ1
薄口醤油	小さじ2
酒	大さじ1
砂糖	大さじ1
片栗粉	小さじ2を水で溶いたもの

作り方

1 なすの皮をピーラーでむき、塩とひたひたの水に15分ほどつける。

2 1を1本ずつラップでぴっちりと包み、電子レンジに4分かけ、すぐに氷水で冷やす。

3 Aの材料をさっと煮立てあんを作る。好みの大きさに切ったなすを器に盛り付けあんをかけ、削りガツオやおろししょうがをのせる。

冷やしワンタン

材料（4〜5人分）

ワンタン皮	1袋

【A】

鶏ももひき肉（赤身がオススメ）	130g
しょうが（すりおろし）	小さじ1
ホタテ缶（小）	1缶
しいたけ（みじん切り）	2個
醤油、ごま油、砂糖、片栗粉	各小さじ1
塩	少々

【B】

醤油	大さじ3
酢	大さじ1.5
白ごま	大さじ2
スイートチリソース	大さじ2
赤唐辛子（輪切り）	大さじ1

作り方

1 ボウルにAを入れ練り混ぜ具を作る。ワンタン皮に具をのせて十文字を作るようにぴったりと合わせる。

2 鍋にたっぷりの湯を沸かしてワンタンを入れ、中火で3分茹でる。冷水にとり、皿に盛り付ける。
Bを合わせたたれでいただく。

豆乳白玉パフェ

材料（5〜6個分）

白玉粉	150g
豆乳	130〜150cc
バナナ	2本
きな粉	適量
黒みつ	適量
バニラアイスクリーム	適量

作り方

1 ボウルに白玉粉を入れ豆乳を加減しながら加え、耳たぶの硬さになるまで練る。

2 ひと口大に丸め、沸かした湯に入れる。1〜2分して浮いてきたらすくい、冷水に入れる。

3 グラスなどに、スライスしたバナナ、白玉、アイスクリーム、きな粉を入れ、黒みつをかける。

サンマのバルサミコ仕立て

Pacific Saury with Balsamico

材料（4人分）

サンマ（3枚おろし）	2尾
（片面をそれぞれ均等幅に切る）	
白ワインビネガー	大さじ 1/2
小麦粉	適量
塩、こしょう	適量
オリーブオイル	適量
赤パプリカ	1個
エリンギ	1パック
イタリアンパセリ	適量
チリパウダー	少々

【A】

バルサミコ酢	大さじ3
オリーブオイル	大さじ2
レモン汁	大さじ 1/2
塩、こしょう	適量

作り方

1 切ったサンマに白ワインビネガーをふりかけてしばらくおき、塩、こしょうをして小麦粉をまぶす。

2 フライパンにオリーブオイルを熱し、サンマの皮目から強火で両面焼いてバットに取り出し、チリパウダーをかける。

3 耐熱ボウルにAの調味料を入れ、レンジで2分加熱し、2のサンマにかける。

4 細切りにした赤パプリカとエリンギを順に、フライパンで強火で焼く。

5 皿に、エリンギ、赤パプリカの順にのせ、Aのマリネ液を浸したサンマをのせ、残ったマリネ液を少々かける。最後にイタリアンパセリを飾る。

※パンチをきかせたいならチリパウダーを少し多くしてもOK！

なしサラダ

Pear Salad

材料（4～5人分）

なし（いちょう切りにする）	1個
レタス	1/2個
ブロッコリースプラウト	1パック
ベビーリーフ	1パック

【コンソメジュレ】

〈A〉
ゼラチン	4g
（水大さじ2でふやかしておく）	

〈B〉
レモン汁	大さじ1
砂糖	小さじ1
塩、醤油	小さじ1/2
水	20cc
コンソメキューブ	1個

オリーブオイル	大さじ1

作り方

1 Bの材料をすべて小鍋に入れ、加熱する。

2 火からおろし、Aのゼラチンと合わせよく溶かす。別の容器に入れ冷蔵庫で冷やす。

3 固まったらオリーブオイルを加え、フォークでくずす。

4 レタス、ベビーリーフ、なしに3をちらしかけて、ブロッコリースプラウトを飾る。

キャロットケーキ

Carrot Cake

材料（21㎝　エンゼル型、または丸型）

全卵	2個	薄力粉	160g
三温糖	130g	シナモン	小さじ 1/2
サラダ油	130cc	ベーキングパウダー	小さじ 1
にんじん（2本）	200g	干しブドウ（湯通しする）	50g
くるみ	80g		

作り方

※オーブンを180℃に予熱する。

1 全卵に三温糖を加え、ミキサーで混ぜる。

2 サラダ油を少しずつ加え、混ぜる。

3 すりおろしたにんじんを加える。

4 くるみをトッピング用に分けておき、他を粗みじん切りにして加え干しブドウも混ぜる。

5 薄力粉、ベーキングパウダー、シナモンを合わせ1回ふるう。さらに4にふるいながら加え混ぜる。

6 油を塗ったリング型に5を流し入れ、180℃に熱したオーブンで30 〜 35分焼く。

【アイシング】

材料

クリームチーズ	100g
粉砂糖	大さじ 2
レモン汁	小さじ 1 〜 2

作り方

1 室温にしたクリームチーズに粉砂糖、レモン汁を加え、よく練り混ぜる。

2 冷めたケーキの上にぬって、仕上げに分けておいたくるみを飾る。

黒酢ポーク

Sour pork

材料（4 ～ 5 人分）

豚ロース	400g
片栗粉	大さじ2

【A】

醤油	大さじ2
酒	大さじ2

玉ねぎ	1個
赤パプリカ	1個
レンコン	200g
ししとう	適量
小麦粉	適量
サラダ油	適量

【B】

黒酢	大さじ3
黒砂糖	大さじ3
醤油	大さじ2
酒	大さじ2
水	大さじ2

作り方

1 豚ロースはひと口大に切り、Aをまぶしておく。玉ねぎ、赤パプリカはスライスしておく。

2 レンコンはスライスしてサッと水にさらし、小麦粉をはたいて軽く揚げる。

3 1の豚肉に片栗粉をまぶし、170℃の油で4 ～ 5分こんがり揚げる。

4 野菜と揚げた豚ロースをフライパンに戻し、Bを加えて2 ～ 3分煮立てからめる。

スパイスきのこサラダ

Spicy mushroom salad

材料
【スパイスきのこ】

しいたけ	5〜6個
しめじ	1パック
えのき	1パック
エリンギ	1パック
くるみ	20g
ニンニク	1片
しょうが	1片
塩	小さじ 1/4
オリーブオイル	適量
ガラムマサラ	小さじ 1/4
チリパウダー	小さじ 1/4
クミン	小さじ 1/4
シナモン	小さじ 1/4
ブラックペッパー	小さじ 1/4

作り方
1 材料をすべてみじん切りにして、オリーブオイルで炒め、スパイスを加えソテーする。
2 お好みの野菜の上に、1のスパイスきのこをトッピングして盛り付ける。

POINT
スパイスきのこは常備菜として2〜3日保存が可能。
パスタやサラダにかけて使える。

アップルシナモンマフィン

Apple cinnamon muffin

材料（12個分）

りんご	1個
レーズン	30g
（サッと湯洗い）	
ラム酒	大さじ1

【A】ボウルの中で混ぜておく（泡立て器でふんわりと空気を含ませる）

三温糖	100g
米粉	50g
薄力粉	110g
ベーキングパウダー	小さじ1
シナモン	小さじ1/2
塩	小さじ1/4

【B】小さめのボウルでよく混ぜておく

卵	1個
サラダ油	60cc
牛乳	120cc

粉糖	適量

作り方

※オーブンを170℃に予熱する。

1 りんごは皮をむき、5mm角に切る。レーズンをラム酒に漬けておく。

2 AのボウルにBを少しずつ加え混ぜる。きざんだりんご、ラム酒漬けレーズンも加える。

3 マフィン型に紙ケースを置いて、生地を流し入れ、170℃のオーブンで30〜35分焼く。

※お好みで粉糖をふりかけてもよい。

ラヴィオリトマトソース

Ravioli in tomato sauce

材料（4〜5人分）
【A】きざんで混ぜる

モッツァレラチーズ	30g
バジル（生）	2〜3枚
オリーブオイル	小さじ1

トマト缶	1/2缶
コンソメスープ	300cc
マッシュルーム	5〜6個
塩、こしょう	適量
餃子の皮	1袋
ブロッコリースプラウト	1パック

作り方
1 トマト缶とコンソメスープ、スライスしたマッシュルームを鍋に入れ、7〜8分煮る。塩、こしょうで味をととのえる。
2 餃子の皮の中心にAを置き、皮のフチに水をぬって半分に折りさらに両端をくっつけてとめる。
3 鍋に湯を沸かし、2のラヴィオリを1分ほど茹でる。
4 皿にラヴィオリをのせ、1のトマトソースをかけ、ブロッコリースプラウトを飾る。

ポークブラジリアン

Pork Brazilian

材料（4〜5人分）

豚肩ロース（ブロック）

	450〜500g
コーラ	350cc
砂糖	大さじ2
醤油	40cc

作り方

1 厚手鍋（ホーロー鍋など）にすべての材料を入れて、中火でアクをすくいながら煮る。フタをしてから、中火で20分煮たら、ひっくり返して弱火で15分煮る。
2 肉を取り出し、煮汁を煮詰めてソースにする。
3 付け合わせにお好みの野菜を添える。

クリスマスリースケーキ

（コーヒーマロン風味）

Christmas Wreath Cake

材料（18㎝エンゼル型）

無塩バター	80g	〈3回ふるっておく〉	
（室温にしておく）		アーモンドパウダー	10g
卵	2個	薄力粉	80g
微粒子グラニュー糖	80g	ベーキングパウダー	小さじ1
バニラオイル	少々		

【A】

ラム酒	5g
水	15g

【B】

インスタントコーヒー	3g
牛乳	15g

（牛乳を少し温め、コーヒーを溶く）

【マロンクリーム】（7分立て）

マロンペースト	100g
生クリーム（乳脂肪分45％）	120g

（ハンドミキサーで生クリームを7分立てにしてマロンペーストを加えホイップする）

作り方

※オーブンを170℃に予熱する。
※型に油をぬり、粉をはたいておく。

1 ボウルに卵白を泡立て、グラニュー糖30gを少しずつ角が立つまでしっかりと泡立てる。
2 別のボウルにバターを入れ、木ベラで練り、残りのグラニュー糖50gほどを少しずつ加える。白っぽくマヨネーズ状になったらハンドミキサーに替え、卵黄を1個ずつ加え、さらにかきたてる。
3 粉類をふるいながら加え、Bのコーヒー液、バニラオイルも加え混ぜる。
4 3に1の卵白を加え、さっくりと混ぜる。
5 型に生地を流し入れ、オーブンで約30分焼く。
6 型から抜いて、温かいうちにAをハケでぬる。
7 マロンクリームの材料を混ぜ、お好みのデコレーションをする。

「神様へのオーディション」

私は何か新しいことを始めようとする時、
神様のオーディションにエントリーするつもりで
チャレンジします。それはなかなか困難で、
成功しないことも多く……多分、私の準備や努力不足で
あったり、アプローチの仕方が違っていたり様々ですが、
諦めずに自分なりにできることを精一杯続けていると
ある時、神様の基準にフィットして
合格することがあるように思います。

ビーフ・ブルギニョン

Boeuf bourguignon

材料（4〜5人分）

赤ワイン	1.5カップ	コンソメ	1個
シチュー用牛肉	500g	トマトペースト	大さじ2
（前の晩に赤ワインと適量の粒こしょう		タイム	小さじ1
に漬け込む。ワインもあとで使用）		バター	大さじ1
塩（ローズマリーソルト）	小さじ1	小麦粉	大さじ3
こしょう（ブラックペッパー）	少々	にんじん	2本
小麦粉	大さじ4	小玉ねぎ	8個
オリーブオイル	大さじ1	ベーコン	2枚
にんにく	2片	マッシュルーム	6個
水	2カップ	じゃがいも	2個
ローリエ	1〜2枚	（皮をむき茹でてバター小さじ1で	
ブラウンシュガー	小さじ1	マッシュポテトにする）	

作り方

1 肉に塩、こしょうをまぶし、小麦粉をしっかりともみこむ。

2 鍋にオリーブオイルを熱し、つぶしたにんにく、1の肉、ワイン、水、ローリエ、ブラウンシュガー、コンソメを入れる。沸騰したら中火にし、アクをとりながら10分加熱して真空保温調理器に入れ、50分保温する。（鍋の場合は同時間煮る）

3 鍋を取り出し、トマトペースト、タイム、塩、こしょうを入れ、さらに中火で10分煮る。沸騰したら真空保温調理器に50分ほど入れる。（鍋の場合は同時間煮込む）

4 バターと小麦粉、煮汁を少々練ったもの（ブールマニエ）とにんじん、玉ねぎを入れて10分加熱し、真空保温調理器で保温。最後に粗みじん切りにしたベーコンとスライスしたマッシュルームを加え、しばらく保温する。マッシュポテトと共に盛り付ける。

クリスマスリースサラダ

Christmas Wreath Salad

材料（4〜5人分）

ベビーリーフ
水菜
パプリカ（赤・黄）
ミニトマト
ラディッシュ（スライス）
茹でエビ

【ヨーグルトハーブドレッシング】

プレーンヨーグルト	大さじ2
マヨネーズ	大さじ2
ミックスハーブ	小さじ1
レモン汁	大さじ1
塩	ひとつまみ
こしょう	少々

作り方

葉ものをリースの形に盛り付け、色をちりばめながら飾りつける。

ブッシュ・ド・ノエル

Bûche de Noël

【ロールスポンジ】（内径27×20cmの型）

材料

卵	3個
グラニュー糖	60g
薄力粉	30g
コーンスターチ	15g
牛乳	20cc

作り方

※オーブンを170℃に予熱する。

1 粉は3回ふるっておく。

2 全卵とグラニュー糖を電動ミキサーでもったりするまで泡立てたら、粉をふるいながらさっくりと混ぜ牛乳を加え混ぜる。

3 天板にクッキングシートを敷いて生地を流し、170℃のオーブンで11分焼く。

4 網の上にシートごとのせ、乾燥しないように上から別の紙をかぶせておく。

【マロンクリーム】

材料

マロンペースト	1缶（250g）
生クリーム（乳脂肪分45％）	1パック
スライスアーモンド	適量
（軽くローストしておく）	

作り方

1 生クリームを7分立てにしマロンペーストを加え、さらに泡立てる。

2 焼いたロールスポンジが完全に冷めたらシートをそっとはがし、マロンクリームをのせてくるりと巻く。

3 マロンクリームを薄く全体にぬり、スライスアーモンドをまぶして、上からお好みのデコレーションをする。

カニときのこの壺焼き

Crab & mushroom Pot pie

材料（内径8cmの深めのココット5個分）

玉ねぎ	1個
バター	20g
コンソメスープ	1カップ
しめじ	100g
薄力粉	大さじ2
塩、こしょう	少々
カニ	100g
牛乳	2カップ
白ワイン	大さじ1
パイシート	1パック
サラダ油	適量

作り方

※オーブンは200℃に予熱しておく。

※容器のサイズにパイシートを切っておく。

1 玉ねぎは薄くスライスして、サラダ油を熱したフライパンに半分入れて炒め、カニ、しめじ、白ワインを加えソテーして塩、こしょうを少々加える。

2 残りの玉ねぎとバター、薄力粉を耐熱ボウルに入れ、電子レンジ600Wで2分加熱しよく混ぜる。コンソメスープも加え合わせ、さらにレンジで2分加熱ししっかりと混ぜる。

3 1のフライパンに2のソースを加え弱火にかけ混ぜ、牛乳も加えて塩、こしょうで味をみながら煮る。

4 耐熱容器に3を人数分に分け入れ、フタをするようにパイシートでかぶせてしっかりと閉じる。

5 200℃のオーブンで15〜20分焼く。

グリルチキンサラダ

Grilled Chicken Salad

材料（4〜5人分）

		【ドレッシング】	
鶏もも肉	2枚	オリーブオイル	大さじ3
ローズマリーソルト	小さじ2	白ワインビネガー	大さじ1
黒こしょう	適量	粒マスタード	小さじ1
ハーブミックス	適量	塩、こしょう	適量
レモン汁	少々		
お好みの野菜			

作り方

1 鶏肉は厚みを開いて平らにし、フォークで所々を刺す。
2 調味料をすべてふりかけ、10分ほどおく。
3 両面グリルで、皮を上にして約15分焼き、できたらそのままおく。
4 冷めたら、食べやすい大きさに切る。
5 お好みの野菜を皿に敷いて、グリルチキンを並べる。

ホワイトエンゼルケーキ

White angel Cake

材料（18cm リング型）

〈3回ふるっておく〉

米粉	20g
薄力粉	30g

サラダ油	大さじ1
卵白	3個分
グラニュー糖	60g

【A】

生クリーム	200ml
（乳脂肪分45％）	
ラム酒	小さじ1
グラニュー糖	15g

作り方

※オーブンは180℃に予熱しておく。

1 ボウルに卵白を入れ、泡立て器で軽くほぐし泡立て、グラニュー糖を2度に分けて加え、その都度しっかり角が立つまで泡立てる。

2 1のボウルに、ふるっておいた粉類をふるいにかけながら加え、さっくりと混ぜる。

3 サラダ油を加える。

4 180℃に予熱したオーブンで17分焼く。できたら型ごと逆さに網にふせておく。

5 Aをボウルに入れて泡立て、パレットナイフで型から抜いたケーキをデコレーションする。お好みで飾りをつける。

クリスマスギフトボックス
（サンドイッチケーキ）
Christmas Gift Box

材料（2台分）

サンドイッチ用食パン	12枚
バター	適量
にんじん	1本
（ピーラーでスライス・飾り用）	

【A】

卵（茹でて、みじん切り）	2個
マヨネーズ	大さじ1
ハニーマスタード	小さじ1/2

【B】

シーチキン	1缶
パセリ（みじん切り）	大さじ1
マヨネーズ	大さじ1

【C】

サワークリーム	1パック
（室温に戻しておく）	
マヨネーズ	大さじ2
（海外製の瓶入りを使うとよりマイルド）	

作り方

1 食パンに薄くバターをぬる。

2 AとBとCを各々混ぜておく。

3 パンを平らな場所に置き、パン→卵→パン→ツナ→パン→卵と順に重ね、最後に6枚目のパンを置く。

4 3の全体に、パレットナイフでCのクリームをコーティングする。

5 ギフトボックスに見立て、上にピーラーでスライスしたにんじんのリボンを飾る。

メカジキのキヌアフライ＆
ターメリックライス

Fried Swordfish with Quinoa & Turmeric Rice

材料（4～5人分）

メカジキ	400g
レモン汁、塩、こしょう	少々
キヌア	大さじ3
片栗粉	大さじ1
薄力粉	大さじ1
オリーブオイル	適量
パセリ（みじん切り）	少々

【ケッカソース】合わせておく

ケチャップ	大さじ5
トマト（粗みじん切り）	1個

【ハーブヨーグルトソース】

水切りヨーグルト	大さじ3
ミックスハーブ	小さじ1
マヨネーズ	大さじ1

【ターメリックライス】

米	3合
水	3カップ
コンソメ	小さじ1
ターメリックパウダー	小さじ1/2

作り方

1 ターメリックライスの材料でご飯を炊いておく。
2 メカジキを3等分に切り、塩、こしょう、レモン汁をかけておく。
3 キヌアと片栗粉、薄力粉を合わせ、メカジキにまぶす。
4 フライパンにオリーブオイルを熱し、両面こんがりと揚げ焼きにする。
5 皿にターメリックライスを盛り付け、パセリをちらし、メカジキにケッカ
　ソース、ハーブヨーグルトソースをお好みでかける。

ポットローストビーフのタリアータ

Pot Roast Beef Tagliata

材料（4～5人分）

牛ももブロック（タコ糸でしばる）	400g
ニンニクのすりおろし	小さじ1
ローズマリーソルト	大さじ1/2
こしょう	小さじ1
オリーブオイル	適量
水	50cc
お好みの野菜	
（ベビーリーフ、ブロッコリースプラウトなど）	

【A】合わせておく

赤ワイン	50cc
玉ねぎ（すりおろす）	1/4個
醤油	50cc
バルサミコ酢	20cc
砂糖	小さじ1/2

作り方

1 牛肉に、ニンニクと塩、こしょうをしっかりすりこみ、ホーローなどの厚手鍋にオリーブオイルを熱し肉を片面2分ずつ、全体にこげ目がつくくらい中火で焼く。

2 弱火にしてAを加え、フタをして7分加熱し、火を止めてそのまま40分おく。

3 肉を取り出し、鍋の肉汁に水を加え煮詰める。

4 肉を薄くスライスし、お好みの野菜を添える。

ホワイトクリスマスケーキ

White Christmas Cake

材料（内径27 × 20cmの型）

【スクエアスポンジ】

卵	3個
グラニュー糖	大さじ5
牛乳	大さじ1
バニラエッセンス	適量

〈3回ふるっておく〉

薄力粉	大さじ3
コーンスターチ	大さじ2

【ラムクリーム】

生クリーム（乳脂肪分45%）	1パック
クリームチーズ	60g
ラム酒	大さじ1
砂糖	20g

ココナッツ	1袋

（トースターで低温で乾煎りする）

作り方

※オーブンは190℃に予熱し、型にオーブンペーパーを敷いておく。

1 全卵を湯煎にかけグラニュー糖を少しずつ加え、ハンドミキサーで白くもったりとするまで泡立てる。

2 牛乳、バニラエッセンス、粉類をふるいながら入れ、ゴムベラに替えてつやが出るまで混ぜる。型に流しオーブンで10分焼く。上にオーブンペーパーをかけて冷ます。

3 スクエアスポンジを半分に切り、間にラムクリームを塗りサンドして、全体にもクリームを塗る。上にココナッツをのせて、まわりに絞り袋でクリームをデコレーションする。

「生まれた国は違っても……」

私には日本以外の国、つまり外国人の友人がいます。
でもある意味、この星の住人である私たち！！
"地球人"にほかなりませんよね！！
言葉や、文化、食生活、習慣が異なってはいても
私には、優しく思いやり深い大切な人達です。
身近な友人との交流から、私たちが異文化や
多様性を受け入れ楽しみながら互いを理解できる、
"地球人同士"でありたいと思います。

ホワイトクリームシチュー

White creamy stew

材料（4〜5人分）

【ブールマニエ】			
バター	45g	じゃがいも	2個
薄力粉	45g	カリフラワー	1/2個
		（レンジで2分加熱）	
		スナップエンドウ	6〜7本
鶏もも肉	300g	（レンジで2分加熱）	
手羽元	6本	白ワイン	大さじ2
牛乳	3カップ	マッシュルーム	7〜8個
水	3.5カップ	コンソメキューブ	2個
玉ねぎ（スライス）	1個	塩、こしょう	適量
		サラダ油	適量

作り方

【ブールマニエ】

1 耐熱ボウルに薄力粉を入れ、レンジ強で30秒加熱する。これを2度繰り返す。

2 室温にもどしたバターを加え、しっかりと練り混ぜる。

※余ったらラップに包み冷凍できる。

【シチュー】

1 鍋にサラダ油を熱し、弱火で玉ねぎスライスと肉を炒め、白ワインを加える。

2 1に水とコンソメを入れ中火で15〜20分煮て、真空保温調理器へ入れ、30分ほどおく。

3 鍋を取り出し、ブールマニエにお玉でスープを少しずつ入れてのばし、なめらかに溶く。

4 少しずつ溶いたブールマニエを鍋に加え混ぜ、じゃがいも、マッシュルームを加えて弱火で10分煮る。

5 牛乳、カリフラワー、スナップエンドウを加え5〜6分煮て、塩、こしょうで味をととのえる。

塩ゆずドレッシングサラダ

Salty Yuzu dressing salad

材料（4〜5人分）
【塩ゆず】作っておく

ゆず	1個
天然塩	小さじ1

【塩ゆずドレッシング】

塩ゆず	大さじ2
オリーブオイル	大さじ3
砂糖	小さじ1
白ワインビネガー	大さじ2
黒こしょう	少々

菜の花（さっとゆがく）	1束
レタス（ひと口大にちぎる）	2〜3枚
きゅうり（スライス）	1本
ブロッコリースプラウト	

その他、お好みの野菜でもよい

作り方
【塩ゆず】
水洗いしたゆずを丸ごとみじん切りにして、天然塩と混ぜ、密閉容器に入れる。1日冷蔵庫におけばOK。

【サラダ】
お好みの野菜をボウル皿に入れ、ドレッシングをかけ、全体になじむように混ぜる。

ショコラ・ブール・ドゥ・ネージュ

Chocolat boule de neige

材料（20 〜 25個分）

ダークチョコレート	50g
バター（室温にもどす）	50g
砂糖	20g
くるみ（乾煎りしきざむ）	30g

【A】

薄力粉	70g
ココア	10g
アーモンドパウダー	30g

粉糖	適量

作り方

※オーブンは170℃に予熱しておく。

1 耐熱容器にチョコレートを入れ、レンジ強に1分30秒かけて溶かす。

2 ボウルにバターを入れ、クリーム状に練り砂糖を加え、さらによく混ぜる。

3 2に1の溶かしたチョコレートを加えよく混ぜ、Aの粉の半量をふるいながら加え混ぜる。残りの粉とくるみを混ぜ加える。

4 2cm大の丸型に丸めて天板に並べ170℃のオーブンで20分焼く。

5 粗熱がとれたら、粉糖をたっぷりまぶす。

チキンカチャトーレ

Chicken cacciatore

材料（4〜5人分）

鶏もも肉（水炊き用でもよい）	500g
玉ねぎ（スライスしておく）	大1個
白ワイン	1/3カップ
白ワインビネガー	大さじ2
チキンスープストック	1/2カップ
トマト缶	1缶
トマトペースト	大さじ3
ニンニク（つぶす）	2片
種ぬきブラックオリーブ（きざむ）	1/3カップ
塩	小さじ1/2
こしょう	少々
パセリ	少々
サラダ油	適量

作り方

1 大きめの鍋に油を熱して、ニンニクを炒め、鶏肉をこんがり
と両面焼く。

2 鶏肉を取り出した後に、スライスした玉ねぎを入れ柔らかく
なるまで炒め、白ワイン、白ワインビネガー、スープ、トマ
ト缶、トマトペーストをすべて加える。

3 鶏肉を鍋に戻し、ぐつぐつと煮立ったら、火を弱めてアクを
とる。フタをして真空保温調理器へ入れる。（普通の鍋なら
1時間煮る）

4 真空保温調理器から出したら中火にかけ、オリーブ、塩、こ
しょうを加え5〜6分煮る。

りんごとくるみのサラダ

Apple & walnuts salad

材料（4〜5人分）

		【ドレッシング】	
りんご	1個	レモン	大さじ1
くるみ	1/5カップ	こしょう	少々
（ローストして砕いておく）		オリーブオイル	大さじ2
水菜	1束	塩	小さじ1/4
ベビーリーフ	1パック		
（ブロッコリースプラウトでもよい）			

作り方

1 りんごは、いちょう切りにする。水菜などお好みの野菜とくるみを、ドレッシングであえる。

マンディアンクッキー

Mendiants Cookies

材料（約20個分）
〈ふるっておく〉
ココア	40g
薄力粉	140g

バター	90g
（室温にもどしておく）	
粉砂糖	60g
卵黄	1個分

作り方
※オーブンは160℃に予熱しておく。

1 バターをゴムベラでよく練り、粉砂糖を加え混ぜ、さらに卵黄を加えて練り混ぜる。ふるっておいた粉類を加え、手でひとまとめにしてラップで包み、冷蔵庫で1時間ほど休ませる。

2 打ち粉をした台で、1の生地をめん棒でのばし、型で抜く。ベーキングシートを敷いた天板に並べ、オーブンで15分焼く。

【デコレーション】
板チョコ（ダーク）	1枚
生クリーム	50cc
お好みのナッツ、ドライフルーツ類	

生クリームを小鍋に入れ火にかけ、泡立ってきたら火を止めてきざんだダークチョコを加え溶かし、なめらかになるまで混ぜる。
クッキーの上にぬり、チョコレートが固まらないうちにお好みのナッツやドライフルーツなどを飾る。

スパイシーハーブミートボール

Spicy Herb Meatballs

材料（5〜6人分）

合いびき肉	450g	ニンニク（みじん切り）	2片
玉ねぎ	大1個	トマトピューレ	大さじ2
（半分みじん切り、半分スライス）		トマト缶	1缶
卵	1個	ブラウンシュガー	小さじ1
生パン粉	30g	ウスターソース	大さじ2
塩、ブラックペッパー	少々	水	450g
バジル	小さじ1	コンソメキューブ	1個
オレガノ	小さじ1	粒マスタード	大さじ1
タイム	小さじ1	スパゲティー	350〜400g
オリーブオイル	大さじ2	パセリ（みじん切り）	適量

作り方

1 ボウルに生パン粉、ひき肉、ハーブ、みじん切りした玉ねぎ、卵、塩、ブラックペッパーを入れ、よく練り混ぜる。ひと口大に丸める。

2 フライパンにオリーブオイルを熱し、肉を色づくまで5〜6分焼き、取り出しておく。余分な油をペーパーでふき取る。

3 同じフライパンにみじん切りのニンニクを炒め、スライスした玉ねぎも炒める。トマトピューレ、トマト缶、ブラウンシュガー、ウスターソース、水、コンソメを加え5分煮る。

4 3にミートボールを戻し、マスタードを加え20分ほど煮る。塩小さじ1/2とブラックペッパーを加え、味をととのえる。

5 スパゲティーをお好みの硬さに茹で、オリーブオイルをふりかけておく。

6 皿にスパゲティーとミートボールを盛り付け、パセリをちらす。

赤カブと塩ゆずクリーミードレッシングサラダ

Creamy red turnip and yuzu dressing salad

材料（5〜6人分）

【赤カブマリネ】

赤カブ（大）	1個
塩	大さじ1
砂糖	大さじ2
酢	200cc

【塩ゆず】

ゆず	1個
天然塩	小さじ1

【塩ゆずクリーミードレッシング】

塩ゆず	大さじ1
豆乳	大さじ4
白ワインビネガー	大さじ2
オリーブオイル	大さじ3

仕込み

1 【赤カブマリネ】赤カブをスライスして、材料をすべて蓋付きの容器に入れ、1日以上冷蔵庫におく。
2 【塩ゆず】ゆずを丸ごとみじん切りにして、天然塩と混ぜ密閉容器に入れ、1日冷蔵庫におく。

作り方

レタスやベビーリーフなどお好みの野菜と一緒に盛り付ける。

※写真はオイルサーディン缶にニンニクすりおろしを入れ、オーブントースターで7〜8分加熱してから醤油をかけたものを添えていますが、これはお好みでどうぞ！

ひみつのガトーショコラ グルテンフリー

Gluten-free Chocolate cake

材料（17cm フラワー型）

生おから	70g
卵	2個
砂糖	55g
ハチミツ	35g
チョコチップ	30g
粉糖（ノンウェット）	適量

〈2回ふるっておく〉

ココア	40g
米粉	30g
ベーキングパウダー	小さじ 1/2

（レンジ500Wで30秒〜1分温める）

無塩バター	50g
牛乳	50g

作り方

1 型にバターをぬって冷やしておく。オーブンは170℃に予熱する。

2 湯煎にかけて、ボウルに卵と砂糖を入れ電動ミキサーで混ぜる。ハチミツも入れ、白っぽくなったら生おからを加え、さらに混ぜる。牛乳と溶かしたバターも加えて混ぜる。

3 粉類をふるいながら入れ、チョコチップも入れてさっくりと混ぜ、型に流す。

4 オーブンで約32〜35分焼く。

5 完全に冷ましてから、型からはずしノンウェットの粉糖をふりかける。

「心の栄養、身体の栄養」

私にとって必要不可欠なもの……
それは心に栄養をくれる本です！！
本には大きな"チカラ"があると、ある方がおっしゃいました。
本当にその通りだと思います。
思えば子供の頃から、
つらい時、悲しい時、もうダメだと感じた時、
飢餓状態になっていた私の心を満たしてくれたのは
様々な本でした。
そして同様に、チョコレートやケーキ、
美味しいものを口にすると元気がでてきて、
どちらも大切な栄養です。

1ドル銀貨　パンケーキ

1 dollar Pancakes

材料（10 〜 12枚分）

卵	1個
牛乳	90cc
プレーンヨーグルト	70g
パンケーキミックス	150g

【作りおき用パンケーキミックス】

（密封保存袋などに入れてふり混ぜる）

薄力粉	500g
砂糖	120g
ベーキングパウダー	25g
ベーキングソーダ	5g
スキムミルク	45g

作り方

1 卵、牛乳、ヨーグルトをよく混ぜ、パンケーキミックスを少しずつ加え、さっくりと混ぜる。あまり練らないように。

2 低温のホットプレート、またはフッ素コートのフライパン（弱火）で両面焼く。

3 ママレードバター（バター 50g、ママレード 20gを混ぜる）を添える。

シーフードトマトスープ

Seafood tomato soup

材料（5 〜 6 人分）

好きな魚介類	800 〜 900g
（ムール貝、タラ、エビ、カニなど）	
オリーブオイル	大さじ1
玉ねぎ（スライス）	1個
ニンニク（つぶしたもの）	2片
長ねぎ（斜め切り）	1本
セロリ（すじをとり、斜め切り）	1本
白ワイン	1/2カップ
トマト缶	1缶
水	5カップ
オリーブオイル	適量

作り方

1 シチュー鍋を熱し、オリーブオイルを入れ、玉ねぎ、ニンニク、長ねぎ、セロリの順に炒める。10分ほど加熱する。

2 白ワイン、トマト缶、水も加え、煮立たせる。弱火にしてしばらく煮込む。

3 魚介類を加えて約8 〜 10分ほど煮る。お好みで塩、こしょうで味をととのえる。

レミントン

（オーストラリアンチョコレートケーキ）

Lamingtons (Australian Chocolate Cake)

【スクエアスポンジケーキ】
材料（内径20×20cmのスクエア型）

卵	3個	砂糖	90g
薄力粉	90g	牛乳	大さじ1
ベーキングパウダー	小さじ1/2	無塩マーガリン	15g
		（溶かしておく）	

作り方
※オーブンを170℃に予熱しておく。
※型にオーブンペーパーを敷いておく。
1 ボウルに卵白と砂糖45gを入れ、しっかりとよく泡立てる。
2 卵黄と残りの砂糖45gを入れ、白っぽくもったりとしたら薄力粉、ベーキングパウダーを加え混ぜる。さらに牛乳と、溶かしマーガリンも加える。
3 2に1を加え混ぜ、型に流し入れ170℃のオーブンで約25〜30分焼く。
4 型からはずし、12〜16個にカットする。

【チョコレートアイシング】
材料
【A】

生クリーム	90cc	ダークチョコレート	120g
ココアパウダー	30g	ココナッツファイン	70g
水	50cc		
砂糖	30g		

作り方
1 鍋にAの材料を入れ煮立て、砕いたチョコレートを加え泡立て器でよく混ぜながら完全に溶かす。
2 冷めたらカットしたケーキを1つずつ割り箸でチョコにつけ、ココナッツをまぶす。

フィッシュ＆チップス

Fish & Chips

材料（4〜5人分）

じゃがいも（中）	4個
すき身鱈	約500g

（大きい骨は抜いて食べやすい大きさに切っておく）

塩	適量

【A】

小麦粉	大さじ5
片栗粉	大さじ1
ベーキングパウダー	小さじ1/2
ブラックペッパー	ひとつまみ

溶き卵	1/2個分
ビールまたは炭酸水	100cc
サラダ油	適量
小麦粉	適量

作り方

1 じゃがいもの皮をむきスティック大に切り鍋に入れる。じゃがいもが浸る量の油を入れてから、火をつける。中火で15分間、一切触らないままにして、最後に全体を箸で返して様子を見ながらさらに3〜4分揚げる。

2 Aの粉類をボウルに入れ泡立て器で混ぜ、炭酸水と溶き卵を加え、箸でさっくりと混ぜる。

3 すき身鱈に薄く小麦粉をまぶし、2の衣につけて、180℃の油でカラリと揚げる。（両面、各2分ずつ）

※日本ではあまりなじみがないが、英国ではモルトビネガーをふっていただく。
　お好みで、ホワイトソースやケチャップ、タバスコなどを添えてもよい。

オニオンブロス

Onion Broth

材料（4人分）

玉ねぎ（小）	4個
セロリ	1本
にんじん	1本
カブ	3個
ベーコン	2枚
塩、こしょう	適量
水	カップ4
チキンスープの素	小さじ1
パセリ	適量

作り方

1 皮をむき、芯を取った玉ねぎを丸ごと鍋に入れ、ベーコン以外の野菜、材料を加えて、50分弱火で煮る。真空保温調理器使用の場合、20分煮て保温30分。

2 ベーコンは粗みじん切りにして、電子レンジでカリカリにする。

3 器に盛り、カリカリベーコンとパセリのみじん切りをのせる。

アップルタルト

Apple Tart

材料（18cm　タルト　丸型）

バター	60g
砂糖	60g
卵	1個
薄力粉	60g
りんご	1個
（スライスしてレモン汁をふっておく）	
アーモンドパウダー	20g
ベーキングパウダー	小さじ1/4
アプリコットジャム、粉砂糖	適量

作り方

1 オーブンは180℃に予熱し、型にバターをすりつけておく。

2 電子レンジ弱に10 〜 20秒かけ、バターを柔らかくする。泡立て器でクリーム状にして、砂糖を2回に分けて加えその都度よくかきたてる。

3 溶き卵を少しずつ2に加え、なめらかになるまで、よく混ぜる。

4 別のボウルに、薄力粉、アーモンドパウダー、ベーキングパウダーを入れさっくりと混ぜる。

5 4と3を合わせてよく混ぜ、型に入れて敷き詰め、表面にスライスしたりんごをきれいに並べる。180℃のオーブンで25 〜 30分焼く。

6 最後にアプリコットジャムをハケでぬり、粉砂糖をふる。

シーフードリガトーニアラビアータ

Seafood Rigatoni Arrabbiata

材料（5～6人分）

リガトーニまたはペンネ	400g
赤唐辛子（輪切り）	小さじ1
玉ねぎ（大、スライス）	1個
白ワイン	30cc
ニンニク	2片
トマトソース	400g
あさり	250g
オリーブオイル	大さじ2
タコ	200～250g
塩	適量
イタリアンパセリ（粗みじん）	大さじ2

作り方

1 あさりは砂出しして、手でこすりあわせて洗う。ニンニクは、たたいてつぶす。タコはひと口大に切る。

2 フライパンにオリーブオイル、ニンニク、玉ねぎ、赤唐辛子を入れ中火で炒める。

3 あさり、タコ、白ワイン、トマトソースも入れ、弱火で5分煮る。

4 熱湯2リットルに塩を大さじ1加え、リガトーニを茹でる。

5 3の味をみて、必要なら塩でととのえ、リガトーニを加え混ぜて器に盛り付け、上にイタリアンパセリをのせる。

レモニーチキン

Lemony Chicken

材料

鶏胸肉（約380g）	1枚
玉ねぎ（中、スライス）	1個
黄パプリカと赤パプリカ	各1/2個
セロリ（薄くスライス）	1本
塩、こしょう	少々
コーンスターチ	1/3カップ
オリーブオイル	適量

【レモンマリネ液】（レンジで2分加熱）

レモン	1個
（半分は輪切りで薄くスライス、残り半分は絞る）	
砂糖	小さじ2
白ワインビネガー	50cc
水	50cc
ハーブソルト	小さじ1

作り方

1 パプリカは半分に切り、ヘタと種を取り、オーブントースターで20分ローストして、熱いうちに皮をむき、細長く切る。

2 鶏胸肉はひと口大に削ぎ切りにして、塩、こしょうし、コーンスターチをまぶして、熱したオリーブオイルで4～5分揚げ焼きする。

3 ボウルにスライスした玉ねぎ、セロリ、鶏肉、スライスレモンをのせ、レモンマリネ液をまわしかけてしばらくおく。

4 各皿に取り分けて、ローストしたパプリカをのせ、お好みでベビーリーフやブロッコリースプラウトなどを添える。

フロランタン

Florentine slice

材料（20 × 20cm スクエア型）

【クッキー生地】
バター	70g
砂糖	60g
アーモンドパウダー	20g
卵（小）	1個
薄力粉	130g

【フィリング】
バター	30g
砂糖	30g
ハチミツ	30g
生クリーム	50g
アーモンドスライス	80g
ラム酒	小さじ1

作り方

※バターは室温にもどし、オーブンは180℃に予熱しておく。

1 スクエア型にオーブンペーパーを敷く。アーモンドスライスは160℃のオーブントースターでローストしておく。

2 ボウルにバターを入れ混ぜ、砂糖を加え、よくすり混ぜる。溶き卵を加え、さらによく混ぜ、アーモンドパウダーと薄力粉も加え、さっくり混ぜる。ひとまとめにして冷蔵庫で30分休ませる。

3 型に生地をぴっちりと敷き詰め、フォークで全体に穴をあけて、180℃のオーブンで15分焼く。

4 フィリングを作る。小鍋にバター、砂糖、ハチミツ、生クリーム、ラム酒を入れて中火にかけ煮詰め、アーモンドを加えて火を止める。

5 3の生地に4のキャラメルアーモンドを流し、均等に広げる。180℃のオーブンで12 ～ 15分、きつね色に焼く。

6 冷めたら、型からはずして裏返してナイフでカットする。

タコライス

Taco rice

材料（4〜5人分）

合いびき肉	250g
玉ねぎ（中、みじん切り）	1個
オリーブオイル	適量
トマト（角切りにする）	2個
アボカド（角切りにする）	1個
レタス	5〜6枚
ご飯	3合
モッツァレラチーズ（細切りタイプ）	適量

【A】

ニンニク	2片
ウスターソース	大さじ1
ホットチリまたはタバスコ	小さじ1
ケチャップ	大さじ3
塩	小さじ1/4
クミン	小さじ1

作り方

1 フライパンにオリーブオイルを熱し、玉ねぎみじん切り、合いびき肉を順に炒め、Aの調味料をすべて加えてさらに炒める。

2 皿にご飯を盛り、上にきざんだレタス、1のミートソース、トマト、アボカド、細切りチーズをのせて出来上がり。

白身魚のガーリックサラダ

White fish fillets with garlic salad

材料（4 〜 5人分）

白身魚	2切

ひと口大に切り、酒（大さじ1/2）、塩（少々）をふりかける

小麦粉	適量
オリーブオイル	適量

【カレー酢玉ねぎ】

玉ねぎ（スライス）	1個
塩	小さじ1/2
カレー粉	小さじ1
砂糖	小さじ2
酢	大さじ3

【A】

酢	大さじ1
醤油	大さじ1
オリーブオイル	大さじ1

ニンニク	1片
水菜	適量
かいわれ	適量
ブロッコリー、きゅうりなどお好みの野菜	

作り方

【カレー酢玉ねぎ】 前もって作っておく

1 玉ねぎはスライスし、塩をふり、30分おく。
2 ガラス瓶などの容器に材料をすべて入れ、フォークでざっくり混ぜる。冷蔵庫で2週間ほど保存可。

【サラダ】

1 ニンニクはスライスしてフライパンにオリーブオイルを熱し、きつね色になるまで炒め取り出す。
2 魚の汁気をとり小麦粉をまぶして、1のフライパンにオリーブオイルをさらに加え、3 〜 4分揚げ焼きする。
3 ボウルにAを入れ混ぜ、お好みの野菜を加え、さっくりと混ぜ合わせ、各皿に野菜、切り身、カレー酢玉ねぎ、ニンニクをのせる。

マシュマロフルーツクリーム

Marshmallows Fruits Cream

材料（4～5人分）

ミックスフルーツ	1缶
マシュマロ（半分にカット）	1パック
生クリーム（乳脂肪分45%）	1パック
ヨーグルト（水切りしておく）	80cc
ぶどう（お好みのもの）	適量

作り方

1 フルーツ缶は汁を切り、フルーツとシロップに分けておく。
2 カットしたマシュマロをシロップに3時間ほど漬けておく。
　（前日にシロップに漬け冷蔵庫に入れておくとよい）
3 8分立てにした生クリームとヨーグルトを合わせる。
4 2の余分な汁気を捨てて、ミックスフルーツ、3のクリームと合わせる。
5 ガラスの器に盛り付け、ぶどうを半分にカットして飾る。

40年以上も前の英国ステイ先で、1日目にホストマザーが作ってくれた食後のデザート。とても気に入って何回おかわりをしたことか……。

SERENDIPITY
との出逢い

この言葉との出逢いは、日野原重明先生の講演会でした。

　お話の中で、私はその言葉の響きと意味に強く惹きつけられました。SERENDIPITYとは日常の中で思いがけない幸せを見つける能力！！

　まだ、築地の聖路加病院が聖路加ガーデンになるかなり以前に、当時院長であった日野原先生のもとで、しばらくお仕事をしていたことがあり、また後年、娘が通っていた学園で度々先生の講演を拝聴する機会にも恵まれました。それ以来日野原先生のお話に心打たれ、SERENDIPITYという文字がいつも私の脳裏にありました。その後様々な活動をすることとなり、教室名を「Salon Serendipity」と名付けたのです。

　私のレッスンにおいてそれぞれ皆様が自分なりの愉しさ、嬉しさ、癒しを見つけてSERENDIPITYを感じていただけたらこれほど幸せなことはありません。

　この本との出逢いが、さらに多くの方々へSERENDIPITYの種を育てる一助となれますように祈りを込めて！！

　なお、この本の印税の一部を、日本赤十字社へ寄附したいと思います。

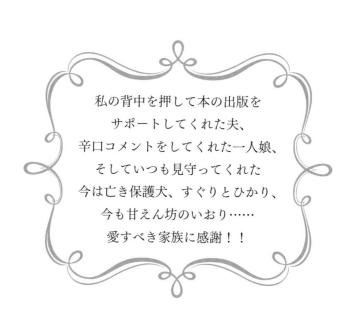

私の背中を押して本の出版を
サポートしてくれた夫、
辛口コメントをしてくれた一人娘、
そしていつも見守ってくれた
今は亡き保護犬、すぐりとひかり、
今も甘えん坊のいおり……
愛すべき家族に感謝！！

著者プロフィール

Mrs. Sugar

都内在住。
英国留学時代の体験から年2回のチャリティーパーティー、紅茶、英国
菓子、料理、ニードルポイントなどの各クラスを英国調洋館にてご紹介
しております。

Serendipity Cooking　セレンディピティ クッキング

2020年4月15日　初版第1刷発行

著　者　Mrs. Sugar
発行者　瓜谷 綱延
発行所　株式会社文芸社
　　　　〒160-0022　東京都新宿区新宿1−10−1
　　　　　　　　電話 03-5369-3060（代表）
　　　　　　　　　　03-5369-2299（販売）

印刷所　図書印刷株式会社

©Mrs. Sugar 2020 Printed in Japan
乱丁本・落丁本はお手数ですが小社販売部宛にお送りください。
送料小社負担にてお取り替えいたします。
本書の一部、あるいは全部を無断で複写・複製・転載・放映、データ配信する
ことは、法律で認められた場合を除き、著作権の侵害となります。
ISBN978-4-286-21471-9